CupOfTherapy™

Hab dich gern!

100 kurze Therapien

von Antti Ervasti und Matti Pikkujämsä

Aus dem Englischen von Benjamin Schilling

Kunstmann

Hab dich gern!

1

Viele Menschen fürchten sich davor, in den Spiegel zu schauen. Unsere Umwelt erwartet von uns, unser Äußeres zu akzeptieren, während wir unsere Aufmerksamkeit allzu leicht auf unsere Defizite und Mängel richten. Es ist aber lohnenswert und befreiend, den eigenen Körper kennenzulernen. Jeder Einzelne von uns ist auf seine ganz spezielle Weise wertvoll. Traust du dich, die Schönheit in dir zu erkennen?

Hab dich gern!
2

Superhelden gibt es nicht nur in Comics. Wir können auch bei unseren täglichen Verpflichtungen heroisch sein – wenn wir Kinder großziehen zum Beispiel. Das mag nicht ganz das Gleiche sein, wie einen Bösewicht zur Strecke zu bringen, verdient aber dennoch echte Anerkennung und Bewunderung. Begegne all den Superhelden des Alltags um dich herum mit dem nötigen Respekt.

Hab dich gern!

3

Echtes Selbstvertrauen kommt von innen. Glaube an dich selbst und schätze dich so, wie du bist: Dein Leben ist einzigartig und bedeutsam. Es ist gut, die eigenen Schwächen zu erkennen und zu akzeptieren, doch das Wichtigste ist, dass du dir deine Unabhängigkeit bewahrst und dich bemühst, deine ganz persönlichen Ziele zu erreichen. Das ist das Fundament eines guten Lebens.

Hab dich gern!
4

Das männliche Selbstwertgefühl ist ein kompliziertes Biest. Eigenschaften wie Empathie oder der offene Umgang mit Gefühlen wurden traditionell als „weichlich" oder „weibisch" betrachtet. Dabei wäre es gut, solchen Qualitäten Raum zu geben und ihnen Wertschätzung entgegenzubringen, statt sich auf Äußerlichkeiten wie das körperliche Erscheinungsbild zu konzentrieren. Empfindsame Männer übernehmen Verantwortung – das ist ausgesprochen „männlich".

Hab dich gern!

5

Unsere Umgebung zwingt uns oft zum Nachdenken darüber, wie gut wir im Leben abschneiden. Und wenn wir nicht so erfolgreich sind, wie wir es gern hätten, geben wir uns schnell selbst die Schuld dafür. Schraube deine Ansprüche herunter und sei freundlich zu dir selbst, auch wenn nicht alles perfekt läuft. Du bist gut genug, so wie du bist!

Hab dich gern!

6

Das soziale Umfeld hat – neben unserer eigenen inneren Wahrnehmung – großen Einfluss darauf, ob wir uns für andere „gut genug" fühlen. Wenn wir Unterstützung und Anerkennung von uns nahestehenden Menschen erfahren, die uns so lieben, wie wir sind, dann macht uns das selbstbewusst.

Hab dich gern!
7

Akzeptiere dich und erkenne deinen Selbstwert. Wenn du dich selbst auf gesunde Art und Weise liebst, macht dich das auch für andere liebenswürdig.

Hab dich gern!

8

Es gibt gesundes und ungesundes Selbstvertrauen. Ein gesundes Maß an Selbstvertrauen heißt, sich selbst so zu lieben, dass davon auch unser Umgang mit anderen Menschen profitiert. Übermäßiges Selbstvertrauen äußert sich dagegen in einem narzisstischen Verhalten, dem es an Einfühlungsvermögen und Mitgefühl mangelt. Zu wenig Empathie erschwert das Sozialleben, sorgt für Unmut und macht anfällig für Konflikte.

Hab dich gern!

9

Es ist wichtig, sich darüber Gedanken zu machen, welchen Eindruck man bei anderen Menschen hinterlässt. Wenn sie Abstand von dir halten, könnte das daran liegen, was du machst und wie du dich verhältst. Es tut gut, dir die Meinung von vertrauten Menschen anzuhören und dann zu beurteilen, ob du dein Verhalten ändern solltest. Veränderung ist möglich – sie erfordert aber die Fähigkeit, das eigene Tun kritisch zu hinterfragen.

Hab dich gern!
10

Manchmal stehen wir im Leben vor Herausforderungen, und manchmal wollen wir den Helden spielen, obwohl es gar nicht machbar ist. Klugheit heißt auch, ein Bewusstsein dafür zu haben, was mit einem Blick auf Zeit und Ressourcen zu schaffen ist und was nicht. Trau dich, jemanden, dem du vertraust, um Hilfe zu bitten. Mal bekommen wir selbst Hilfe, mal sind wir in der Lage, jenen zu helfen, die Hilfe nötig haben. Wenn Menschen füreinander da sind, entsteht eine stärkere Gemeinschaft.

Hab dich gern!
11

Schuldgefühle können lange anhalten. Man kann Fehler nicht ungeschehen machen, doch man kann die Verantwortung für sie übernehmen, indem man offen mit ihnen umgeht und zu seinen Schuldgefühlen steht. Es ist hilfreich, die Angelegenheit, für die wir uns schuldig fühlen, mit jemandem zu besprechen und nach einer möglichen Lösung zu suchen. Sei nicht so streng mit dir selbst. Niemand ist perfekt.

Hab dich gern!
12

Jeder von uns entwickelt sich als Mensch beständig weiter, und dieses Wachsen hält ein Leben lang an. Führe dir immer vor Augen, dass du niemals voll und ganz für eine bestimmte Situation reif sein musst. Es ist in Ordnung, im eigenen Tempo in gewisse Lebenslagen und Beziehungen hineinzuwachsen und sich immer wieder neu zu finden. Vergewissere dich, dass Menschen, die dir nahe sind, das begreifen und dir genügend Zeit und Raum zum Wachsen lassen.

Hab dich gern!
13

Irgendwann im Leben begegnet jeder Mensch einer Situation, bei der ihm der Mut versagt. Und manchmal wird selbst der Zuspruch eines Freundes nicht reichen, um all die Gefühle von Bedrohung und Ohnmacht zu vertreiben, die einem im Kopf herumschwirren. Wahre Freunde stehen einander in schwierigen Situationen trotzdem bei, um sich zu stärken. Die Zeit, die man von Freunden geschenkt bekommt, ist Gold wert.

Hab dich gern!
14

Wenn ein geliebter Mensch vom Leben schwer gebeutelt wird und sich mies fühlt, ist es besonders wichtig, dass jene, die ihm nahestehen, für ihn da sind und ihn unterstützen. Kleine Gesten wie die Einladung zu einer Tasse Tee oder Kaffee sind in einer solchen Situation wichtig, weil sie diesem Menschen zeigen, dass er nicht allein dasteht.

Hab dich gern!
15

Jeder von uns erlebt düstere Zeiten, und ab und zu scheint es uns, als ob die Dunkelheit kein Ende nehmen will. In solchen Momenten der Hoffnungslosigkeit kann man manchmal tatsächlich glauben, dass es keinen Ausweg gibt. Wir können nie genau wissen, wie sich die anderen Leute fühlen. Jemand mag nach außen hin absolut glücklich wirken, obwohl sie oder er innerlich leidet. In manchen Fällen kann schon eine einfache Frage wie „Ist alles in Ordnung?" Leben retten.

Hab dich gern!
16

Jeder von uns erlebt seine eigenen Stürme im Wasserglas. In diesen Situationen schießen unsere Reaktionen weit übers Ziel hinaus, ein emotionales Verhalten, das in Momenten von Angst oder extremem Stress sehr üblich ist. In solchen Fällen wirkt es beruhigend, mit einem geliebten Menschen zu sprechen und ihn um Unterstützung zu bitten, und kann dazu beitragen, dass wir wieder klarer sehen.

Hab dich gern!
17

Es ist wichtig, dass du genau so akzeptiert wirst, wie du wirklich bist – von anderen wie von dir selbst. In einer guten Beziehung solltest du niemanden spielen müssen, der du nicht bist. Die Fähigkeit, schwierige Situationen offen anzugehen, ist einer der Grundpfeiler zwischenmenschlicher Beziehungen. Sie verleiht ihnen Tiefe und bringt die beteiligten Personen einander näher.

Hab dich gern!
18

Egal wie dein Geheimnis aussieht: Allein damit klarzukommen, ist oft unerträglich. Sobald du es aber jemand anderem anvertraut hast, wird sofort ein Teil der Last von dir genommen, und du hast schon gewonnen. Über die HIV-Infektion sind jede Menge Fehlinformationen im Umlauf, was zu Vorurteilen und unbegründeten Ängsten führt. Die Unterstützung und unerschütterliche Gegenwart einer Vertrauensperson ist daher besonders für die Infizierten von entscheidender Bedeutung.

Hab dich gern!
19

Jede und jeder von uns ist viel zu wertvoll und einzigartig, um von anderen allein auf der Grundlage einer Diagnose, eines Symptoms oder Problems behandelt zu werden. Wir sollten mit einem vertrauten Menschen über Dinge sprechen können, die schwierig oder gar beschämend für uns sind. Offenheit ist ein Zeichen wahrer Stärke und verdient Respekt und Anerkennung. Wir alle brauchen ein Gegenüber, und wenn beide Seiten respektvoll miteinander umgehen, gibt uns das Kraft, Sicherheit und die Möglichkeit zu wachsen.

Hab dich gern!
20

Wer in eine Lebenskrise gerät, braucht ein Sicherungsnetz und einen Schlachtplan. Wenn wir vorsorgen und frühzeitig für ausreichend soziale, mentale und finanzielle Ressourcen sorgen, steigert das unser Sicherheitsgefühl.

Hab dich gern!
21

Manchmal haben wir vielleicht das Gefühl, anderen zur Last zu fallen, wenn wir unseren Kummer, unsere Sorgen und Ängste mit ihnen teilen. Diese Denkweise kann dazu führen, dass wir uns allein und hoffnungslos fühlen. Mit einer anderen Person zu reden, mag die erste große Hürde darstellen, doch dieses Risiko einzugehen, lohnt sich auf jeden Fall. Wie heißt es so schön: Geteiltes Leid ist halbes Leid.

Hab dich gern!
22

Es gibt Momente im Leben, in denen einem die Gesellschaft anderer Menschen zu viel ist und Rückzug die beste Option zu sein scheint. Unfreiwillige Einsamkeit ist eine bedrückende und düstere Sphäre, die das Selbstwertgefühl zerstört. Einsamkeit bleibt oft unbemerkt. Gibt es in deinem Freundeskreis jemanden, den oder die du seit längerem nicht gesehen hast? Vielleicht ist es an der Zeit, diesen Menschen anzurufen und zu fragen, wie es ihm geht.

Hab dich gern!
23

In der Zusammenarbeit liegt die Kraft! Wer unterschiedliche Fähigkeiten und Ressourcen nutzt, kann die Herausforderungen des Lebens meistern. Alles ist möglich, wenn die Last auf mehrere Schultern verteilt wird.

Hab dich gern!
24

Mach dir bewusst, dass Menschen ihre Gefühle auch mit an den Arbeitsplatz bringen. Die verschiedensten Ängste und Minderwertigkeitsgefühle können die Bearbeitung von Aufgaben verlangsamen oder behindern. In einer guten Gemeinschaft ist es möglich, Ängste gemeinsam anzugehen und ein Klima der Hilfsbereitschaft und gegenseitigen Unterstützung zu schaffen, das Raum für Kreativität bietet.

Hab dich gern!

25

Wenn wir sagen, wir machen Multitasking, wollen wir damit andeuten, dass wir effektiv arbeiten. Neueste Studien zeigen jedoch, dass genau das nicht passiert: Wenn wir mehrere Tätigkeiten gleichzeitig ausführen, kann sich unser Gehirn auf keine davon wirklich konzentrieren. Stattdessen wandert unsere Aufmerksamkeit alle paar Sekunden von einer Aufgabe zur anderen. Multitasking als Arbeitsmethode macht uns anfällig für Zustände der Übermüdung und sogar der chronischen Erschöpfung.

Hab dich gern!
26

Verlangst du zu viel von dir selbst? Im Interesse deines eigenen Wohlergehens solltest du unbedingt sichergehen, dass du dir selbst realistische und erreichbare Ziele steckst.

Hab dich gern!

27

Jeder Mensch hat seine eigene Art, mit Problemen umzugehen. Der eine bittet um Hilfe, während der andere anbietet, neben den eigenen auch noch anderer Leute Lasten zu schultern. Müdigkeit und Reizbarkeit sind klare Anzeichen von Überlastung. Hast du zugunsten anderer vielleicht vergessen, an dich selbst zu denken? Sie werden dich, auch wenn du ihnen seltener einen Gefallen tust, nicht weniger mögen – es ist gut, das im Hinterkopf zu behalten.

Hab dich gern!
28

Dem eigenen Willen Ausdruck zu verleihen, ist eine Gabe. Es kommt vor, dass wir frustriert sind und uns über unsere Unfähigkeit ärgern, dieses schwierige kleine Wort auszusprechen: „Nein". Daher ist es gut, wenn wir die Situationen erkennen, in denen wir uns zu sehr um die Bedürfnisse anderer kümmern und dabei unsere eigenen vergessen. Lerne, mutig zu sein und dich selbst wertzuschätzen.

Hab dich gern!
29

Es ist wichtig, dass wir unseren Zustand selbst bestimmen und Grenzen ziehen. Jeder Mensch sollte das Gefühl haben, dass er vor den Anforderungen und Erwartungen anderer sicher und geschützt ist. Lass in deinem Kalender Platz zum Entspannen, für Hobbys oder alles, was dir sonst wichtig ist. Wir leben unser Leben nicht für andere; wir brauchen auch Zeit, um unser Inneres zu ergründen.

Hab dich gern!
30

Ein glückliches Leben setzt sich aus all den kleinen Dingen zusammen, die einen zum Lächeln bringen. Jeder von uns hat seine ganz eigenen einfachen Freuden. Es ist wichtig, dass wir unserem Körper und Geist genügend Zeit zum Ausspannen geben. Eine solche Auszeit kann Tage, Stunden oder auch nur ein paar Minuten dauern – solange es nur genau die Art von Auszeit ist, die uns guttut.

Hab dich gern!
31

Es lohnt sich, hin und wieder innezuhalten und darüber nachzudenken, was man sich vom Leben wünscht und was man braucht. Stell dir selbst die Frage: Wo stehe ich gerade? Wohin gehe ich? Bin ich auf einem guten Weg, oder sollte ich die Spur wechseln?

Hab dich gern!
32

Glück braucht keine spektakulären, exotischen Höhepunkte. Finde heraus, was dich zufrieden macht, denn dadurch wird dein tägliches Leben gut und bedeutsam. Welche Dinge machen dich im Alltag glücklich, und was könnte dein Glück schmälern?

Der Mutigste ist, wer neue Wege einschlägt.

Hab dich gern!
33

Unsere Selbstwahrnehmung ist oft unser schlimmster Feind. Ein Sprung ins Ungewisse und das Verfolgen neuer Interessen können uns ein lang vergessenes Gefühl von Mut geben. Niemand ist zu alt, um ein neues Kapitel im Leben aufzuschlagen – eine positive Veränderung in einem einzelnen Lebensbereich wirkt sich auch auf andere aus. Trau dich und überrasche dich selbst!

Hab dich gern!
34

Im Urlaub setzt der Übergang aus dem Alltag in eine neue Umgebung und einen anderen Gemütszustand alle möglichen Gedanken in Bewegung. Man sollte sich im Klaren sein, dass eine Urlaubsreise Spannungen unter Menschen auslösen kann. Und man kann versuchen herauszufinden, welche Dinge die Gemüter erhitzen, und diese Erkenntnis für eine positive Herangehensweise an gemeinsame Reisen nutzen.

Hab dich gern!
35

Ein lang ersehnter gemeinsamer Urlaub kann manchmal ungeklärte Probleme hochkommen lassen, die tief reichen und über die sich nur schwer reden lässt. Die Gesellschaft eines gemeinsamen Freundes könnte dabei helfen, die Stimmung zu heben und den Dialog wiederaufzunehmen.

Hab dich gern!
36

Hast du das Gefühl, dass es mit der Entspannung aus und vorbei ist? Fühlst du dich beklommen, demotiviert oder gestresst? Versuche, deinen Alltag nach dem Urlaub gelassen anzugehen. Man kann sich auf vielerlei Arten erholen und den Alltag weniger anstrengend und belastend gestalten. Es gibt keinen Grund, immer nur auf den nächsten Urlaub hinzuleben. Auch die notwendigen Routinen des Alltags können wohltuend sein und Spaß machen.

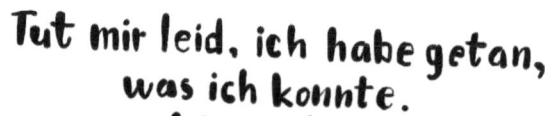

Hab dich gern!
37

Nicht immer werden unsere größten Hoffnungen und Erwartungen erfüllt. Hoffst du vielleicht auf etwas, das nicht ganz realistisch ist? Sei dankbar für das, was du hast.

Hab dich gern!
38

Manchmal ist es schwer, wieder in der Arbeit Fuß zu fassen. Dein Job mag dir nach einem Urlaub sinnlos vorkommen, und genau dann musst du dich fragen, was der Grund dafür ist. Du kannst deine Arbeitswelt selbst beeinflussen – es ist gut, über alle Klagen, die du vielleicht hast, zu sprechen. Jeder Arbeitsplatz sollte über eine Kultur des gegenseitigen Vertrauens verfügen, die zu offener Diskussion einlädt. Jeder sollte seine eigenen Stärken kennen und das Gefühl haben, ein geschätzter und wichtiger Teil des Unternehmens zu sein.

Hab dich gern!
39

Lass nicht zu, dass andere Leute deine Überzeugungen in Frage stellen – besonders wenn es darum geht, ein ausgeglichenes und gesundes Leben zu führen. Bleib dir selbst treu!

Hab dich gern!
40

Manche Leute entspannen nach einem langen Tag gern mit einem Glas Wein. Jeder Einzelne von uns ist für sein Verhältnis zum Alkohol selbst verantwortlich, und ein maßvoller Konsum birgt keinerlei Gefahren. Allerdings sollte man bedenken, dass Alkohol auch schnell zu etwas werden kann, bei dem man Halt sucht. Das ist genau der Moment, in dem das Verhältnis zum Alkohol möglicherweise zum Problem wird. Es ist wichtig, dass wir lernen, uns auch auf andere Weise zu entspannen.

Hab dich gern!
41

Nicht alle Menschen können mit Alkohol verantwortungsvoll umgehen – manche werden davon abhängig. Eine Sucht verursacht physische und psychische Probleme und wirkt sich auf den Beruf und die Beziehungen in allen Lebensbereichen aus. Oft erkennt man nur sehr schwer, dass man wirklich ein Problem hat, doch dieses Eingeständnis ist ein entscheidender Schritt auf dem Weg zur Besserung. Es gibt eine breite Palette von Hilfsangeboten – jeder Mensch kann sich aus der Geiselhaft der Flasche befreien.

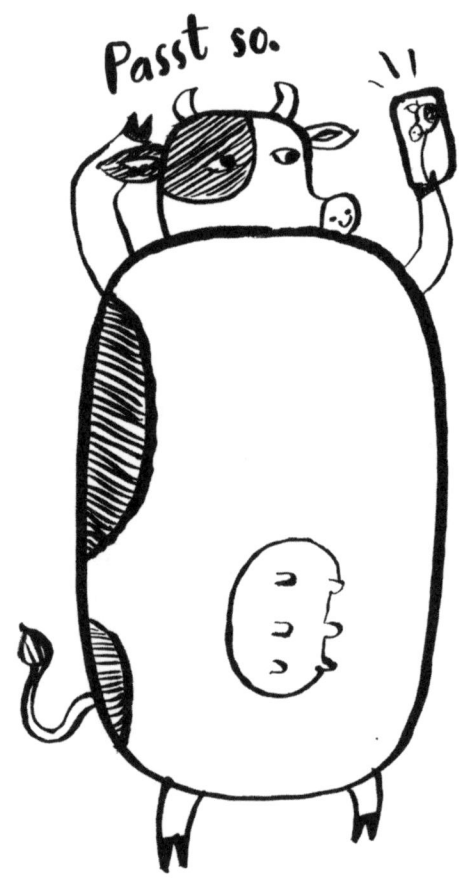

Hab dich gern!

42

Manche Leute posten gern Selfies in den sozialen Medien, für andere ist die Vorstellung dagegen schrecklich. Selbstvertrauen und ein positives Selbstbild zu besitzen, ist nicht immer leicht, aber es ist möglich, sich beides zu erarbeiten. Eines steht nämlich fest: Kein Körper ist perfekt, und es sind unsere kleinen Mängel, die uns interessant und einzigartig machen.

Hab dich gern!
43

Die sozialen Medien sind randvoll mit Fotos von menschlichen Körpern, und das setzt junge Menschen unter Druck, so oder so aussehen zu müssen. Man geht ins Fitnessstudio, um sein Selbstwertgefühl aufzupumpen; man muss „in Form" sein, um von anderen Aufmerksamkeit und Anerkennung zu bekommen. Dabei wird manchmal vergessen, dass man einen Menschen für viel grundlegendere Qualitäten bewundern kann, für seinen Charakter etwa oder für seine Klugheit.

Hab dich gern!
44

Manchmal können einem die sozialen Medien wie ein einziger Konkurrenzkampf vorkommen. Da ist zum Beispiel der, der so oft trainiert, dass es nervt, weil er dich ständig daran erinnert, dass es dir an der nötigen Zeit oder Motivation fürs Training fehlt. Neid macht uns im schlimmsten Fall aggressiv und führt dazu, dass wir uns zu unbedachten Reaktionen hinreißen lassen. Ein kluger Mensch lässt sich nicht an der Anzahl seiner Likes messen und sollte sich über die Erfolge anderer freuen. Hör auf, dich mit anderen zu vergleichen.

Hab dich gern!
45

Die sozialen Medien können Ärger auslösen, und die Erlebnisse und Erfolge von anderen wecken manchmal unseren Neid. Dabei sollte man aber bedenken, dass viele Leute sich beim Posten von ihren eigenen Stil- und Wunschvorstellungen leiten lassen und ihre Beiträge in den sozialen Medien entsprechend idealisieren. Wir können unmöglich wissen, wie viel Wahrheit hinter den neuesten Meldungen steckt. Vielleicht sind die ja auch nichts weiter als ein Zeichen von Unsicherheit und Minderwertigkeitsgefühlen?

Hab dich gern!
46

Soziale Medien sind ein Umschlagplatz der unterschiedlichsten Äußerungen und Reaktionen. Man kann nur raten, welche Motive dahinterstecken, wenn Leute Dinge aus ihrem Privatleben öffentlich machen, was bisweilen ja auch frustrierend sein dürfte. Stell dir, bevor du ein Posting kommentierst, selbst die Frage: Warum weckt er in mir diese Art von Gefühlen? Welches Detail, welcher Umstand ärgert mich daran, und warum? Möglicherweise finden wir etwas über uns selbst heraus, wenn wir uns unsere negativen Gefühle bewusst machen.

Hab dich gern!
47

Gerade sind die sozialen Medien dabei, neu zu definieren, wie Menschen sich selbst wahrnehmen. Jedes Posting wird darauf zugeschnitten, Likes zu generieren, doch der Hunger nach Likes ist niemals gestillt. Mitunter kann eine rückläufige Zahl von Likes das Selbstbewusstsein ins Wanken bringen. Leute mit wenig Selbstbewusstsein laufen Gefahr, die Welt der sozialen Medien zu ernst zu nehmen. Kein Like und kein Daumen-hoch-Symbol kann die echte, warme Berührung und den liebevollen Blick eines anderen Menschen ersetzen.

Hab dich gern!
48

Die Welt der Dating-Apps entwickelt sich in rasantem Tempo, und täglich tauchen neue Möglichkeiten auf, wie man einen Partner finden kann. Dadurch wurden Strukturen geschaffen, die Quantität und Erfolgsaussichten immer weiter steigen lassen. Zugleich werden Menschen in Sekundenbruchteilen anhand ihrer Profilbilder ausgesucht. Das Innenleben einer anderen Person kennenzulernen, ist aber schwieriger: Dazu ist es nämlich nötig, ihr persönlich zu begegnen und den Mut aufzubringen, ihr das eigene Innere zu offenbaren.

Hab dich gern!
49

Als Neuling bei einer Dating-Plattform fühlt man sich womöglich unsicher. Soll man es überhaupt erst versuchen, wo scheinbar überall nur selbstbewusste, hübsche Gesichter, perfekte Körper und interessante Persönlichkeiten herumlaufen? Das eigene Selbstwertgefühl wird vielleicht auf eine harte Probe gestellt. Unter dem Eindruck der enormen Selfie-Flut vergisst man leicht, dass jeder einzelne Mensch den Wunsch und das Recht hat, zu lieben und geliebt zu werden – als unvollkommenes und dennoch wundervolles Wesen.

Hab dich gern!
50

Eine bedeutsame zwischenmenschliche Verbindung entsteht nur dann, wenn wir im betreffenden Augenblick körperlich, geistig und emotional anwesend sind.

Hab dich gern!
51

Ausgehend von unseren eigenen Wertvorstellungen machen wir uns ein Bild von anderen Menschen. Dabei kann es passieren, dass uns unbekannte Dinge ängstigen und wir sie deshalb aus unserer Welt ausschließen. Für uns selbst und für unsere Umwelt ist es gut, unsere eigenen Einstellungen zu hinterfragen. Wir werden mehr Spaß an der Welt und Respekt für das Leben haben, wenn wir uns nicht von unseren Vorurteilen leiten lassen.

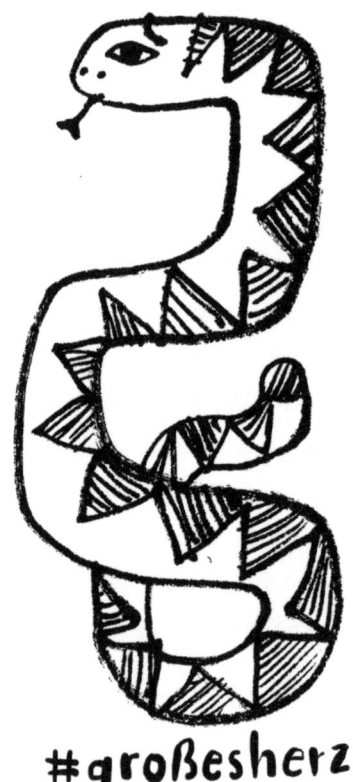

Hab dich gern!
52

Lass dich vom ersten Eindruck, den du von jemandem hast, nicht zu einem vorschnellen Urteil verleiten. Unter einer harten Schale könnte sich ein weicher Kern verbergen. Am Anfang, wenn wir uns das erste Mal begegnen, sind wir alle manchmal ein bisschen nervös. Das könnte von anderen als unhöflich aufgefasst werden, auch wenn es gar nicht so gemeint ist.

Hab dich gern!
53

Sexistische Einstellungen sind oft tief in unserem Unterbewusstsein verankert. Wenn wir sie ans Licht holen und bewusst an ihnen arbeiten, hilft uns das, eine eigene Sichtweise der Dinge zu entwickeln. So können wir uns von den Fesseln der Vorurteile und Unterstellungen befreien.

Hab dich gern!
54

Es ist so einfach, von anderen Leuten alles Mögliche zu denken. Manche finden wir angenehm, während uns andere schwierig vorkommen oder sogar Angst machen. Die Art, wie wir uns anderen gegenüber verhalten, sagt viel über unsere eigenen Erfahrungen und früheren Beziehungen im Leben aus. Um neue Beziehungen aufbauen zu können, muss man in der Lage sein, die eigenen Zweifel und Ängste zu erkennen und zu formulieren.

Hab dich gern!
55

Traditionell wird es eher Frauen zugestanden, ihre Freundschaft zueinander auch durch körperliche Gesten zu zeigen. Männern sind Umarmungen oft nur bei Mannschaften im Sport gestattet, zum Beispiel nach einem Siegtreffer. Aber auch Männer sind Lebewesen, die akzeptiert und geliebt werden wollen. Es ist wichtig, die Empfindsamkeit von Männern anzuerkennen und ihnen das Recht einzuräumen, einander nahe zu sein – auch auf eine andere Weise als durch Sexualität.

Hab dich gern!
56

Das Konzept von Familie variiert von Generation zu Generation und von Kultur zu Kultur. Ein gemeinsamer Nenner ist, dass sie auf langfristiger Bindung beruht. Die Mitglieder einer Familie sorgen füreinander und wollen miteinander leben. Jeder Mensch gründet seine Familie nach seinen ganz eigenen Vorstellungen, und sie sind allesamt zulässig und richtig.

Hab dich gern!
57

Liebevolle Familien gibt es in allen möglichen Formen und Größen. Eine Elternschaft ist keine Frage des Geschlechts oder der sexuellen Orientierung. Sie hängt auch nicht davon ab, ob das Kind ein biologisches ist – es kann sich ebenso gut um ein Adoptiv- oder Pflegekind handeln. Die Fähigkeit zu lieben beruht auf einer Reihe von Faktoren, deren Bedeutung und Schönheit weit über äußerliche und formale Kriterien hinausreicht.

Hab dich gern!
58

Liebe kann in jeder Phase des Lebens aufkommen. Jeder Mensch erfreut sich an romantischen Gefühlen und Sexualität – unabhängig von seinem Alter. Auch für nahe Verwandte kann Liebe im hohen Alter Glück und Freude bedeuten. Geh ohne Furcht und Vorurteile mit deiner Liebe um!

Hab dich gern!
59

Ein gemütliches Zuhause braucht mehr als schicke Möbel und einen ordentlichen Wasserdruck. Die körperliche Nähe zu anderen Menschen und die geistige Verbundenheit mit ihnen sind ebenso wichtige Bausteine.

Hab dich gern!
60

Menschen haben ein natürliches Verlangen nach Berührung. Manchmal sind Gefühle schwer in Worte zu fassen, und manchmal macht die Umarmung eines anderen Menschen alles leichter. Es ist eine Kunst, sich der Berührung und Umarmung des anderen hingeben zu können, aber man schenkt dadurch auch anderen Menschen die Zuneigung, nach der sie sich sehnen.

Hab dich gern!
61

Wir definieren uns selbst und unsere Persönlichkeit auch durch Sexualität. Selbstbefriedigung ist eine der Möglichkeiten, um herauszufinden, wovon wir träumen und was uns glücklich macht. Sie erlaubt es uns, mehr über unsere eigene Sexualität zu erfahren und uns selbst zu akzeptieren.

Hab dich gern!
62

Sexualität ist ein natürlicher und unabdingbarer Teil jedes menschlichen Wesens. Würde man sie uns vorenthalten, wären wir nicht die, die wir sind. Selbstbefriedigung ist ein wunderschöner und natürlicher Bestandteil unserer Sexualität und außerdem ein sicherer und gesunder Weg, um mit unseren eigenen Vorlieben vertraut zu werden.

Hab dich gern!
63

Die Sexualität jedes Einzelnen ist einzigartig und sollte genau so respektiert werden. Solange sie anderen Menschen nicht schadet, ist sie ein Fest des Lebens.

Hab dich gern!
64

Es ist vollkommen in Ordnung, in einer Beziehung eigene Fantasien zu haben. Verbote lähmen nur die Neugier und dämpfen die Lebensfreude. Sprich in einer vertrauensvollen Beziehung ruhig über deine heimlichen Fantasien, denn Verschwiegenheit führt oft zu Heimlichtuerei und Schuldgefühlen.

Hab dich gern!

65

Berührungen und Liebkosungen sind die intimsten Formen menschlicher Interaktion. Bei vielen von uns löst eine Berührung ein starkes positives Gefühl aus. Es ist wissenschaftlich erwiesen, dass angenehme Berührungen Veränderungen im Genusszentrum unseres Gehirns bewirken.

#ichseheuns

#indeinenaugen

Hab dich gern!
66

Der Blick in die Augen eines anderen Menschen ist ein magischer Moment, in dem eine Verbindung zum Innenleben eines anderen Wesens entsteht. Es ist möglich, dass zwei Menschen nur mithilfe ihrer Augen miteinander sprechen. Blicke knüpfen ein Band in einer Beziehung und erhöhen das Vertrauen bei einer neuen Bekanntschaft.

Hab dich gern!
67

Wenn man jemanden liebt, vergisst man allzu leicht, dass man vielleicht nicht immer einer Meinung sein wird. Ruf dir immer wieder in Erinnerung, dass jeder Partner in einer Beziehung seinen eigenen Kopf hat. Eine gute und sichere Beziehung lässt dir genügend Freiraum, um dich selbst zu ergründen und weiterzuentwickeln.

Hab dich gern!
68

Das Fundament der Liebe in einer ausgewogenen und erfüllenden Beziehung besteht darin, sich gegenseitig genügend Freiheit und Raum zu gewähren. Wir haben alle unsere Ängste und Unsicherheiten, doch sie können niemals die Entschuldigung dafür sein, andere Menschen in irgendeiner Form zu kontrollieren oder in ihrer persönlichen Freiheit einzuschränken.

Hab dich gern!
69

In einer Beziehung entwickeln und verändern sich beide Partner im Laufe der Zeit. Wenn es keine offene und echte Auseinandersetzung miteinander gibt, leben sich Paare oft auseinander. Das kann dazu führen, dass beide Parteien derart mit sich selbst beschäftigt sind, dass sie keine Ahnung haben, was im Leben des anderen gerade vor sich geht. Eine Beziehung sollte nie als Selbstverständlichkeit betrachtet werden.

Hab dich gern!
70

In einer funktionierenden Beziehung werden die täglichen Pflichten geteilt. Wenn uns bestimmte Aufgaben belastend vorkommen, ist Schweigen eine einfache, aber schlechte Lösung. Unausgesprochene Gefühle können dazu führen, dass sich Unmut in der Beziehung breitmacht. Dagegen werden Offenheit und der Mut, Probleme anzusprechen, letztendlich zu einer liebevollen Atmosphäre mit fair verteilten Rollen beitragen.

Hab dich gern!
71

Je nach Blickwinkel kommen Menschen bei ein und demselben Thema zu unterschiedlichen Schlüssen. Durch stures Beharren auf den eigenen Ansichten kann sich die Auseinandersetzung so weit zuspitzen, dass die Kommunikation völlig abbricht. Es ist besser, den Streit für einen Augenblick ruhen zu lassen und sich im Zuhören zu üben. Du wirst merken, dass Zuhören dir wertvolle Informationen liefert, um selbst zu neuen Einsichten zu gelangen und die Sichtweisen der anderen Person zu verstehen. Niemand muss das letzte Wort haben.

Hab dich gern!
72

In einer Beziehung ist es manchmal schwierig, offen miteinander zu kommunizieren. Grobe Worte und heftige Gesten können zu Waffen werden, die andere verletzen. Allerdings erhöht auch Schweigen die Spannung und macht es schwerer, Dinge zu sagen, die für einen selbst und die Beziehung wichtig sind. In einer funktionierenden Beziehung ist Raum für ruhige Gespräche, damit beide Seiten in der Lage sind, ihre Gefühle bedenkenlos zur Sprache zu bringen.

Hab dich gern!
73

Es ist schwierig, wenn man sich mit den Problemen anderer Leute auseinandersetzen muss, ohne auch über die eigenen Sorgen reden zu können. In derart unausgewogenen Beziehungen kommt es vor, dass sich einer der Partner in sich selbst zurückzieht. Ein solches Muster zu durchbrechen, mag einem zwar schwierig erscheinen, es ist aber möglich, wenn beide Seiten bereit sind, ihr eigenes Verhalten innerhalb der Beziehung neu zu bewerten.

Hab dich gern!
74

Paare werden oft als eine Einheit betrachtet und wahrgenommen. Nach einer Trennung tauchen plötzlich neue Gefühle – mitunter auch Unsicherheit – auf, und man muss sich wieder eine unabhängigere Sicht auf die Dinge aneignen. Aus „wir" wird wieder „ich". In jeder Beziehung ist es wichtig, Dinge unabhängig voneinander zu unternehmen und seine Eigenständigkeit nicht aus den Augen zu verlieren.

Hab dich gern!
75

Die Vergangenheit kann einen verfolgen. Manchmal werden wir von alten, verschwommenen Erinnerungen heimgesucht, die uns dazu bringen, bestimmten Situationen aus dem Weg zu gehen. Es kann aber guttun, einen Blick in die Vergangenheit zu werfen und sich so den eigenen Ängsten zu stellen. Mithilfe der Erfahrungen und Erkenntnisse, die wir im Laufe unseres Lebens sammeln, ist es uns möglich, eine neue Sichtweise auf vergangene Erlebnisse zu entwickeln und alte bedrückende Erinnerungen durch neue, positive zu ersetzen.

Hab dich gern!
76

Jeder von uns hat eine Vergangenheit, zu der manchmal auch schwierige Erfahrungen gehören. Jeder hat seine eigenen Mittel und Wege, um mit schwierigen Situationen umzugehen. Manche von uns holt die Vergangenheit plötzlich ein und bringt uns aus dem Tritt, wenn gewisse Dinge noch ungeklärt sind. In negative Verhaltensmuster zu verfallen, ist leicht, aber du hast auch die Wahl, deine Vergangenheit aus sicherer Entfernung zu betrachten und dich mit ihr zu arrangieren. Schwierige Erfahrungen müssen nicht definieren, wer wir sind.

Hab dich gern!
77

Negative Erfahrungen aus der Vergangenheit können uns auch noch bis in spätere Lebensphasen verfolgen. Manchmal kommt es zu Situationen, die uns an schlimme Erlebnisse erinnern und ein unbehagliches und bedrückendes Gefühl in uns wecken. Vergiss nicht, dass Erinnerungen ein Teil der Vergangenheit sind und Situationen in der Gegenwart neu bewertet werden können. Worum geht es bei diesem schlechten Gefühl wirklich? Wenn du dich traust, deiner Angst ins Auge zu sehen, sollte es dir besser gehen.

Hab dich gern!
78

Unsere Erinnerungen und Erfahrungen haben einen Einfluss darauf, wie wir handeln und wie wir Dinge interpretieren. Jede dieser Interpretationen lässt wiederum bestimmte Gefühle in uns aufkommen. Es ist in Ordnung, sowohl positive als auch negative Gefühle zu empfinden und zu benennen. Und es ist wichtig, sich bewusst zu sein, dass auch andere Menschen das Recht dazu haben.

Es hätte uns beinahe zerstört.

#trauma

Hab dich gern!
79

Der Beginn einer neuen Beziehung kann viele alte Erinnerungen und Traumata wachrufen. Das Fehlen von Liebe oder Vertrauen in der Kindheit ist eine typisch menschliche, schmerzliche Erfahrung, die oft das Selbstbewusstsein schwächt. Diese schmerzhaften Punkte mit einem Partner zu benennen und zu diskutieren, kann schwierig sein und das Miteinander belasten. Daher ist es einer der Schlüssel zu einer gesunden und erfolgreichen Beziehung, die eigenen Gefühle mutig zu ergründen und offen darüber zu sprechen.

Hab dich gern!
80

Über die eigenen Gefühle zu sprechen, kann schwierig sein. Wenn du nicht die richtigen Worte für sie findest, stehst du mit deinen Problemen vielleicht allein da. Es mag dir wie ein Zeichen von Schwäche vorkommen, deine Gefühle mit einem vertrauten Menschen zu teilen, in Wahrheit ist es aber lebenswichtig – und vielleicht sogar die Tat eines echten Superhelden.

Hab dich gern!
81

Wir alle fühlen uns manchmal traurig, doch wir müssen diese Momente nicht allein durchstehen.

Hier bist du sicher.

Hab dich gern!
82

Es ist wichtig, eine sichere Umgebung zu haben, in der man seine Gefühle zur Sprache bringen kann. Jeder Mensch sieht sich im Leben mit einer ganzen Reihe von Problemen konfrontiert. Mit anderen darüber zu reden, trägt nicht nur dazu bei, deine eigene Situation zu klären, sondern macht auch Hoffnung auf Veränderung und schenkt dir das Gefühl, geliebt zu werden. Du wirst feststellen, dass manche Dinge gar nicht mehr so schlimm erscheinen, sobald du sie mit jemandem geteilt hast.

Hoffentlich treffe ich ihn heute nicht zum letzten Mal.

Oder der Mann dort drüben?

Würde mich die Frau da akzeptieren?

Hallo!

Hab dich gern!
83

Sich anderen zu öffnen, kann schwierig sein. Oft halten uns unsere Ängste und Befürchtungen davon ab, über Dinge zu sprechen, die wesentlich und wichtig sind. Diese Art von Reserviertheit kostet Kraft und macht uns das Leben schwer. Mag sein, dass du dich vor der Reaktion deines Gegenübers fürchtest, aber du kannst sicher sein: Wer dein Vertrauen wirklich verdient, wird dich unterstützen.

Hab dich gern!
84

Angst ist im Leben vieler Menschen ein ständiger Begleiter. Manche haben Angst vorm Fliegen, was eine ziemliche Einschränkung sein kann. Sei nicht so streng mit dir selbst – es gibt keinen Grund, dich für deine Angst zu schämen. Genauso wenig musst du mit deinen Ängsten allein dastehen: Ein Besuch beim Therapeuten kann die Situation entspannen.

Hab dich gern!
85

Manchmal werden wir von unseren Ängsten und unserer Fantasie gesteuert. Manchmal lassen wir wichtige Dinge liegen, weil Angst uns vom Handeln abhält. Um Angst zu überwinden, braucht es Mut. Mut entsteht, indem man sich seinen Ängsten stellt und beklemmende Situationen erfolgreich bewältigt. Schon der Versuch, die eigene Angst zu benennen, kann dazu führen, dass man die Dinge mit anderen Augen sieht.

Hab dich gern!
86

Wenn wir nicht offen über negative Empfindungen sprechen, können sie tief in uns drin begraben werden. Wenn wir sie zu verdrängen versuchen, tauchen sie vielleicht im Traum wieder auf. Und manchmal ist genug dann einfach genug, und diese angestauten Emotionen entladen sich in Form von unkontrollierbar heftigen Reaktionen. Es ist gut, die Dinge anzugehen, bevor das Fass überläuft: Du kannst deine Probleme einem engen Freund oder einem Experten anvertrauen und dir so einen Teil der Last von der Seele nehmen.

In der Spüle sind noch Kaffeeflecken...

... und das Klo ist dreckig!

Hab dich gern!

87

Wir sind alle manchmal genervt. Mach dir bewusst, welche Dinge deinen Ärger wecken, und denk darüber nach, ob sie eine solche Reaktion rechtfertigen. Auf diese Weise kannst du deine eigenen Kräfte ebenso schonen wie die der Menschen um dich herum.

Hab dich gern!
88

Jeder von uns entwickelt seine eigenen Strategien, um in dieser Welt zurechtzukommen und zu überleben. Oft geben wir uns der Illusion hin, dass wir diesen Kampf allein ausfechten müssen. Doch das Bedürfnis, berührt zu werden, ist ebenso universell wie der Wunsch, dass man uns in freundlicher und respektvoller Weise als einzigartige und wertvolle Persönlichkeiten wahrnimmt. Diese Bedürfnisse reichen über alle kulturellen und sprachlichen Unterschiede hinaus.

Hab dich gern!
89

Viele Leute schämen sich für ihre Tränen und trauen sich nur im Stillen zu weinen. Gefühle können jedoch erdrückend werden, wenn man sie allein trägt, und den Eindruck erwecken, dass es nicht mehr weitergeht. Es ist gut, wenn du lernst, über deine Gefühle zu sprechen – auch wenn es am Anfang schwerfällt.

Hab dich gern!
90

Man muss sich nicht dafür schämen zu weinen. Verschiedenste Emotionen wie Angst, Erschöpfung oder ein Anflug von Sentimentalität können einem Tränen in die Augen treiben. Oft findet sich kaum Zeit, um die eigenen Gefühle zu bewältigen – zudem können sie einen beunruhigen. Trau dich ruhig zu weinen, wenn du bei deinem Therapeuten oder unter Menschen bist, die dich mögen. Manchmal reicht ein Taschentuch oder eine tröstende Umarmung, damit alles besser wird.

Hab dich gern!
91

Die erste Panikattacke kann eine wirklich beängstigende Erfahrung sein. Ein seltsames und unerklärliches Gefühl von Übelkeit macht sich in den Betroffenen breit, und sie geraten in einen absoluten Alarmzustand. In solchen Fällen ist ruhiges Atmen ein gutes Mittel, um dem Körper mitzuteilen, dass keine Gefahr droht, und den Geist allmählich wieder zu beruhigen. Für Panikstörungen muss man sich absolut nicht schämen, und es ist wichtig, darüber zu sprechen. Es gibt viele verschiedene Wege, um mit solchen Problemen fertigzuwerden.

Hab dich gern!
92

Hin und wieder würden wir uns am liebsten in unser Schneckenhaus verkriechen und menschlichen Umgang um jeden Preis vermeiden. Wir wünschen uns Zeit, um uns von allem Elend zu erholen und unsere geistigen Akkus aufzuladen. Trotzdem ist es natürlich ungesund und gefährlich, wenn wir uns nur mit den eigenen Gedanken und Gefühlen befassen. Sei mutig und offen für Hilfe. Und vergiss nicht: Du bist nicht allein.

Hab dich gern!
93

Eine Scheidung kann sehr schnell gehen und vieles ungesagt lassen. Danach mag es einem zu schwierig vorkommen, sich den eigenen Gefühlen zu stellen. Trauer ist etwas Kostbares, doch die Begegnung mit ihr kann beängstigend sein – und der Gedanke, sie einzulassen, überwältigend. Schütte dein Herz ruhig einer vertrauenswürdigen oder fachkundigen Person aus. Du musst keine Angst vor deinen Gefühlen haben.

Hab dich gern!
94

Wenn Freunde oder Familienangehörige sterben, erreichen die Trauer und Sehnsucht oft ein kaum erträgliches Ausmaß. Trage das Bild eines geliebten Menschen stets in deinem Herzen, und du kannst dir alles ausmalen, was du ihm gern mitteilen würdest. Das erhält die Verbindung aufrecht und verknüpft die Trauer mit der Liebe für den verstorbenen Menschen.

Hab dich gern!
95

Jeder von uns hat seine eigene komplizierte Lebensgeschichte – und wir alle sterben am Ende. Es ist wichtig, über den Tod reden zu können. Die Liebe der Menschen, die uns nahe sind, lebt in Erinnerungen und Geschichten weiter.

Hab dich gern!
96

Wir gehen als verantwortungsvolle Erwachsene durchs Leben und vergessen dabei leicht eines unserer erstaunlichsten Potenziale: die Unschuld und Neugier, die in Gestalt unseres inneren Kindes in uns stecken. Es ist wichtig, manchmal auf unsere innere Stimme zu hören und uns daran zu erinnern, wie die Welt aussah, als sie noch neu für uns war, wovon wir damals geträumt und wie sich die Dinge beim ersten Mal angefühlt haben.

Hab dich gern!
97

Trau dich, deinem inneren Kind zu folgen: Es ist der Schlüssel dafür, den Menschen lieben zu können, der du in diesem Moment bist. Jeder von uns besitzt die Fähigkeit, sich selbst zuzuhören. Wenn wir wirklich auf unsere innere Stimme hören, lernen wir eine Menge. In schwierigen Zeiten kann unser inneres Kind uns den Weg weisen und uns mit Hinweisen versorgen, wie die Antworten auf die Grundfragen des Lebens lauten: „Wer bin ich? Was will ich in dieser Welt tun und erleben?"

Hab dich gern!
98

In jedem von uns lebt noch immer das Kind, das wir einmal waren. Ein Kind, das sich nach Dingen sehnt, die wir aus der Kindheit vermissen. Indem wir uns unsere unerfüllten Bedürfnisse eingestehen, können wir damit beginnen, uns selbst – und unserem inneren Kind – Nahrung zu geben.

Hab dich gern!
99

Das innere Kind ist ein Teil von uns allen, unabhängig vom Alter. Die Ereignisse des Lebens machen uns stärker – aber auch kälter. Unser inneres Kind kann uns eine Menge mitteilen, wenn wir nur daran denken, ihm zuzuhören. Es kann uns etwas über Gefühle beibringen und über Bedürfnisse, die unerfüllt bleiben, weil uns die Worte oder die Zeit dafür fehlen.

Hab dich gern!
100

Gefühle kommen und gehen wie das Wetter. Es ist wichtig, nicht nur die unmittelbare Gefühlslage zu sehen, sondern darüber hinauszublicken. Wenn uns das gelingt, fällt es uns leichter, das Gleichgewicht zu bewahren.

Nachbemerkung der Autoren

„CupOfTherapy", wie wir unsere Arbeit nennen, entsteht an den unterschiedlichsten Orten. Oft arbeiten wir in Cafés oder Restaurants daran und meistens nach Feierabend, wenn unsere „richtige Arbeit" zu Ende ist. Antti erzählt von den Themen und Geschichten, die er gehört hat, und Matti hält sie mithilfe der Tierfiguren zeichnerisch fest – diese Arbeitsweise fühlt sich für uns spontan, natürlich und organisch an. Wir glauben, dass „CupOfTherapy" in der Lage ist, Veränderungen herbeizuführen und heilend zu wirken, und hoffen, dass die Illustrationen das auch vermitteln können.

Antti Ervasti (Psychotherapeut) &
Matti Pikkujämsä (Illustrator und Künstler)

Über die Autoren

Antti Ervasti, geboren 1975, praktiziert als Psychotherapeut in seiner eigenen Praxis in Helsinki, wo er Einzel-, Paar- und Familientherapien anbietet. Seine Fachkompetenz erstreckt sich auf die unterschiedlichsten Themen im Bereich der psychischen Gesundheit und des seelischen Wohlbefindens. Ervasti hat im In- und Ausland gearbeitet, Vorträge und Coachings gehalten und sich international aus- und weitergebildet.

Matti Pikkujämsä, geboren 1976, ist ein renommierter Illustrator und Künstler. Er hat bisher 20 Bilderbücher veröffentlicht, illustriert für zahlreiche Magazine und arbeitet im Textildesign, u.a. für Marimekko, Kauniste, Lapuan Kankurit and Samuji. Im Jahr 2015 wurde er mit dem finnischen Staatspreis für Illustration ausgezeichnet.

Im Jahre 2017 gründeten Matti Pikkujämsä und Antti Ervasti gemeinsam mit der Psychotherapeutin *Elina Rehmonen* das Projekt „CupOfTherapy". Alle Illustrationen basieren auf wahren Geschichten von Klienten, denen die beiden Psychotherapeuten bei ihrer Arbeit begegnet sind. Die liebenswerten Tiere in den humorvollen Illustrationen werden von klaren, einfachen Sätzen begleitet, die Mut machen und Trost spenden.

„Psychische Gesundheit in Bildern" – so lautet das Motto von „CupOfTherapy". Die Bilder sollen Menschen dazu zu ermutigen, ihre eigenen Gefühle wahrzunehmen und zu akzeptieren. Matti Pikkujämsä und Antti Ervasti geht es darum, sich auch sensibler und schwieriger Themen anzunehmen und ein Bewusstsein für die nicht zu unterschätzende Bedeutung psychischer Gesundheit zu schaffen.

Alle Rechte vorbehalten.
© Verlag Antje Kunstmann GmbH, München 2020
© der Illustrationen: CupOfTherapy
Dieses Werk wurde vermittelt durch die Agentur Ferly, Helsinki.
Satz und Lettering: Andreas Posselt, buero8, Wien
Druck und Bindung: Pustet, Regensburg
ISBN 978-3-95614-364-9